La Resurrección Del Reino Animal

José Herrera

"Si os he dicho cosas terrenales, y no creéis, ¿Cómo creeréis si os dijere las celestiales?".
Juan 2:12

"Sin embargo, hablamos sabiduría entre los que han alcanzado madurez;

Y sabiduría no de este siglo, ni de los príncipes de este siglo, que perecen.

Más hablamos sabiduría de Dios en misterio, la sabiduría oculta, la cual Dios predestinó antes de los siglos para nuestra gloria.

Antes bien, como está escrito: Cosas que ojo no vio, ni oído oyó, ni han subido en corazón de hombre, son las que Dios ha preparado para los que le aman.

2 Corintios 2:6-9

Primera Edición Impresa
En Febrero 2012

Publicado por:
www.CreateSpace.com

Distribución y Venta del Libro
Disponible en:
www.Amazon.com
www.evangjoseherrera.com

Para contactar al Autor puede hacerlo en
www.evangjoseherrera.com
evangelistajoseherrera@yahoo.com
www.facebook.com/joseherrera
o enviando su correspondencia a la
siguiente dirección:

Evangelista José Herrera
Club Gallístico St. 129
Hatillo, Puerto Rico 00659

ISBN: 10: 1470043300
ISBN-13: 978-1470043308

Agradecimiento y Dedicatoria

A mi Amado Salvador y Dios
JESUCRISTO
El Arquitecto de La Creación

Gracias Señor, por esta maravillosa experiencia que me has permitido tener en la intimidad con tu Espíritu Santo, Él cual iluminando el conocimiento en mi espíritu, me hizo comprender tus maravillas, para que las publique para gozo y bendición de tus hijos que en tú nombre esperamos Cielos Nuevos y Tierra Nueva.

Señor, porque ésta obra se añade a la lista de las muchas respuestas recibidas luego de aquella oración que marcó mi vida para siempre: **"Señor he venido a ti y nada ha sucedido"**

&
En memoria de mi padre;
Don Miguel Ángel Herrera Belpré

Papi durante sus días en esta tierra fue un amante de la Creación de Dios. Amante de la lectura de libros de la naturaleza. Podía pasar las horas contemplando las flores.

Disfrutaba aun mirando una caravana de hormigas llegando donde había caído un trozo de pan. Cuando esto sucedía él decía: "¿Quién les dijo a esas hormigas que hay calló un pedazo de pan? ¡Que grande es Dios! Decía con gran admiración.

Me lo imagino en el cielo contemplando las hermosas maravillas que Dios ha creado para nosotros sus hijos. Sobre todo, lo imagino abrazando y contemplando admirado el precioso rostro de JESÚS.

¡Gracias Señor por haber salvado a Papi!

Y con mucho amor dedico este libro a

Mi amada esposa Marisol Delgado Soto por el respaldo que siempre me ha dado incondicional a todos nuestros proyectos.

Marisol es también mi mejor amiga quien ha sabido darme sus consejos y observaciones de manera muy acertada.

A mis hijas Soraima Jireh y Tehillím Marie por el respaldo que siempre me han dado en cada proyecto del Ministerio que Dios ha puesto en nuestras manos. Aunque ya me hicieron abuelo con la llegada de Kiana y Zoelis. Para mí siempre serán mis dos hermosas bebés.

José "Toño" Herrera Negrón
Al Servicio del Señor

Foto cortesía de Abiatal Curbelo León y Angélica Feliciano Gerena. Ellos jamás pensaron que la foto del arco iris que captaron la tarde del 7 de Febrero de 2012 en la playa Mar Azul de Hatillo, era el mismo que yo contemplaba mientras escribía sobre su significado. Cuando lo vi, lo tomé como una confirmación del Señor y que sorpresa fue para mi cuando Marisol me dijo que Abiatal lo había posteado en Facebook.

También mi agradecimiento a Kazatormentas Extremas quien nos compartió las fotos de los animales de su gran colección de fotos que comparte en su perfil en su página de Facebook. Usted puede disfrutar de una exclusiva colección de cientos de hermosas fotos. Puede buscarlo en:

www.fabebook.com/KazatormentasClimaExtremoKazatormentas. Gracias.

Dios los bendiga

CONTENIDO

INTRODUCCIÓN AL REINO ANIMAL
"Si os he dicho cosas terrenales, y no creéis, ¿cómo creeréis si os dijere las celestiales?" Juan 2:12

Alguna vez se ha preguntado, ¿qué sucede con los animales cuando mueren? ¿Irán al cielo o algún paraíso de animales? ¿Resucitarán también los animales luego de su muerte? ¿Has llorado la muerte de una mascota?

Cuando era niño, recuerdo alguien decir que los animales no se lloraban cuando mueren, que eso era malo. En realidad no se porque razón decían tal aseveración. De niño y aún ahora siendo adulto he sufrido y llorado la muerte de mis mascotas.

Mi más reciente pérdida, "Brandon". Un enorme "Rottweiler" con una apariencia que a cualquier extraño hacía detener su paso, pero en realidad era como un niño juguetón con su padre. En una de esas en las que lo soltaba para que corriera por el patio, tomó por un rumbo equivocado pasando los límites que le permitía llegar. Era de noche y cruzando por debajo de los pelos de alambre, se perdió en la oscuridad.

-"Brandon, Brandon, Brandon..." No respondía. "Lucky, Lucky, Lucky..." Tampoco respondía. Lucky era su compañero, un sato que mi hija Soraima había encontrado en un carrito de compras en el cual fue abandonado al nacer.

Como en otras ocasiones que se iban a explorar por la finca aledaña y a las horas aparecían con sus lenguas estiradas y ansiosas de agua fresca, pues regresé a mi hogar dejando instrucciones a los muchachos del albergue Amor A Puertas Abiertas que los amarraran cuando regresaran. Al día siguiente, la noticia, Lucky regresó pero Brandon no apareció. Luego de tres días de búsqueda me enteré por un vecino que en la noche que lo había soltado, un auto lo atropelló. El perro fue llevado por la policía a un veterinario porque estaba

9

malamente muy herido. El veterinario le tuvo que dar la mortal inyección para ponerlo a dormir porque tenía la columna vertebral partida y no había posibilidades de recuperación. Estaba sufriendo el animal y lo mejor era ponerlo a dormir. Cuando me enteré de lo sucedido, estuve varios bien afligido, sumergido en una tristeza que ya rayaba en la angustia a un paso de la depresión. Lloraba en secreto desconsoladamente a mi querido perro Brandon sintiéndome responsable por su muerte. No debí regresar a mi hogar y dejarlo esa noche sin asegurarme que regresara al albergue.

Por lo menos me enteré cual había sido su paradero final por lo la que búsqueda de Brandon finalizó. Ya pasados algunos días de la tragedia de nuestra mascota, de vuelta a la normalidad. Una noche de las que tengo por costumbre orar a Dios contemplando la luna y las estrellas, le hice esta pregunta al Señor.

"Señor; siempre he tenido la interrogante sobre que le sucede a los animales cuando mueren. ¿Resucitarán los animales luego de su muerte como nosotros? Señor tengo mis inquietudes respecto a ese tema porque si en tú Palabra cuando se habla del milenio, dice que el león y el cordero

comerán pasto juntos y que los niños meterán la mano en la cueva de una áspid. Entonces, te pregunto Señor, ¿Los animales resucitarán? ¿Qué ocurrirá con ellos? ¿Se pierde esa parte de tú creación? ¿Tienen los animales promesas de vida como nosotros?

¡Que maravilloso es orar a un Dios que responde de manera audible! La respuesta a mis preguntas que hice al Señor en oración la recibí esa misma noche al acostarme a dormir. En la madrugada fui despertado al escuchar una voz que proclamó en mi mente la respuesta. ¡Aleluya!

Pero antes que le diga, permítame hacer una aclaración. No pretendo explicar de qué está compuesto el espíritu del animal o si tienen alma. Esa no es la intención de este libro. Lo que si puedo es testificar mi experiencia personal que recibí del Señor en respuesta a mi oración en la cual le pregunté sobre el tema. Le diré lo que me fue revelado y las Escrituras que lo confirman. ¿No se cual pueda ser la medida de su fe respecto al Dios Creador? Pienso que si usted cree en un Dios Todopoderoso al cual nunca ha visto, le será fácil entender la respuesta que recibí del Señor respecto a la Resurrección del Reino Animal.

Le invito a leer los próximos capítulos de este libro con una mente abierta a la realidad de un Dios Todopoderoso quién fue el Arquitecto de La Obra Maestra de La Creación y quién no tiene límites y nada le es imposible. Jesús le dijo al maestro de Israel Nicodemo; *"Si os he dicho cosas terrenales, y no creéis, ¿cómo creeréis si os dijere las celestiales?"*. Juan 2:12

¡Oh, pero yo le creo y me gozo en lo que se me ha revelado! Ninguna criatura de la Creación se perderá porque ella forma parte integrada junto al hombre. Por tanto, al ser "redimido", "salvado" lo que implica libertado de la muerte, la "Creación" también disfrutará del mismo beneficio. Ningún animal creado perecerá. ¡Aleluya!

Medite en estas preguntas: ¿Fueron los animales los responsables de que él hombre pecara contra Su creador? Aunque fue por medio de la serpiente que Satanás logró engañar a la mujer, directamente, mi opinión es que no.

Por otro lado, a la hora de la caída del hombre de la gracia de Dios, acontecimiento que puso fin a la dispensación de la inocencia y que además hizo la introducción de **la muerte a todo ser viviente creado, (sabemos que primeramente fue la muerte espiritual, posteriormente la muerte física),** Dios le reclama primeramente al hombre por su desobediencia al comer del fruto del árbol de la ciencia del bien y del mal, quién nos da la impresión cuando leemos el relato, le echa la culpa al mismo Dios porque le dice;

"la mujer que me diste por compañera me dio del árbol, y yo comí". Entonces Jehová Dios dijo a la mujer: *¿Qué es lo que has hecho?* Y dijo la mujer: *La serpiente me engañó, y comí. Y Jehová Dios dijo a la serpiente: Por cuanto esto hiciste, maldita serás entre todas las bestias y entre todos los animales del campo; sobre tu pecho andarás, y polvo comerás todos los días de tu vida. Y pondré enemistad entre ti y la mujer, y entre tu simiente y la simiente suya; ésta te herirá en la cabeza, y tú le herirás en el calcañar.* Génesis 3:9-15 Distinto al hombre y la mujer, la serpiente no respondió palabra alguna en su defensa. No se si usted se ha podido percatar de algo importante; "la serpiente" le habló a la mujer.

¿Qué cosa es la que tiene importancia? Bueno, ¿desde cuándo las culebras hablan? ¿En realidad fue una serpiente la que hablaba con la mujer o Satanás por medio de ella? Recordemos que tanto el hombre como la mujer estaban viviendo en la "dispensación de la inocencia". En ellos no existía la malicia, la duda o el engaño.

Eran blanco fácil para un diablo mentiroso y padre de mentiras como el mismo Jesucristo lo identifica en el Evangelio de Juan 8:44

"Él ha sido homicida desde el principio, y no ha permanecido en la verdad, porque no hay verdad en él. Cuando habla mentira, de suyo habla; porque es mentiroso, y padre de mentira".

Entonces, no creo que directamente fue la serpiente como un animal más de la creación quien por si misma engañara a la mujer, sino Satanás. Por tanto, están sufriendo las consecuencias del pecado que es la muerte de manera "injusta", por así decirlo. Claro, la Creación fue puesta a los pies del hombre para que señoreara sobre ella, pero tanto el hombre como los animales y demás organismos vivos, forman todos unidos "la Obra Maestra de la Creación".

Nosotros somos la Corona de la Creación y el pecado de Adán causó que la tierra fuera maldita, pero no fue culpa de los animales de la Creación, fue culpa del hombre. Dicho esto, ¿no cree usted que sería justo que también ellos gozaran los beneficios de la obra Redentora de nuestro Salvador Jesucristo?

Si los animales de la Creación cuando mueren dejaran de existir, ¿Cree usted que "la obra Redentora de Jesucristo" estaría cien por ciento completada? En mi opinión, no. Y sería en cierta manera injusto departe de Dios, pues como dije anteriormente, ellos no fueron los responsables de que la muerte entrara al mundo, sino el hombre. El hombre entre todos los seres vivientes creados fue el único que recibió por sus narices "aliento de vida" soplo del Omnipotente en el cual existe ADN de Dios por ser creado a Su Imagen y Semejanza.

El hombre distinto a los animales piensa y razonan, los animales reaccionan por su instinto animal de acuerdo a su género. Nosotros tenemos por naturaleza divina inteligencia para razonar en la toma decisiones.

¿De dónde proviene esa inteligencia del hombre? Distinto a las demás criaturas vivientes creadas, Dios sopló por la nariz del hombre Su Aliento de Vida convirtiéndonos en un ser viviente. ¡Aleluya! Sobre eso hablaremos más adelante.

Esto es más profundo de lo que pensaba y mientras estoy aquí sentado escribiendo para usted mi revelación, siento la iluminación del Espíritu Santo alumbrando cada vez más mi entendimiento. Nada más piense en como el hombre se ha desarrollado a lo largo de toda su historia.

Hoy día tenemos Estaciones Espaciales y ya he leído de millonarios inversionistas trabajando la idea de Hoteles Espaciales Turísticos y viajes a las Estrellas. ¡Increíble pero cierto! Llegaremos, o mejor dicho, ¿permitirá Dios que el hombre se establezca permanentemente en el espacio o en algún planeta un lugar para continuar viviendo? No lo creo. En cualquier momento veremos que sucederá, como le sucedió a la generación que construyó "La Torre de Babel"; serán confundidos. Antes de continuar; ¿Por qué no recuerda alguna de sus mascotas que llegaron a formar parte de su familia? ¿Quiere que le diga algo que le volará su mente pensarlo? ¡Si usted es uno de los que por gracia del Señor se salve alcanzando la Vida Eterna, le tengo noticias, volverá a ver y podrá jugar con sus mascotas que ya murieron! -¿Cómo usted dice? Continúe leyendo que esto apenas comienza y tengo la certeza que antes de finalizar de leer este libro, su entendimiento habrá sido iluminado por el Espíritu Santo.

Pero, permítame adelantarle éste pasaje que el Espíritu Santo trajo a mi mente en mi cama durante uno de los días en que escribí el libro. Mientras meditaba en mi cama trajo a mi mente esta Escritura como para confirmar que él conoce a cada uno de sus animales creados.

"Oye, pueblo mío, y hablaré; Escucha, Israel, y testificaré contra ti; Yo Soy Dios, el Dios tuyo. No te reprenderé por tus sacrificios, ni por tus holocaustos, que están continuamente delante de mí.
No tocaré de tu casa becerros, ni machos cabríos de tus apriscos. Porque mía es toda bestia del bosque, Y los millares de animales en los collados. **Conozco a todas las aves de los montes, Y todo lo que se mueve en los campos me pertenece.**

Si Yo tuviese hambre, no te lo diría a ti; Porque mío es el mundo y su plenitud. ¿He de comer Yo carne de toros, o de beber sangre de machos cabríos? Sacrifica a Dios alabanza, y paga tus votos al Altísimo; e invócame en el día de la angustia; Te libraré, y tú me honrarás". Salmo 50:7-15

CAPITULO 1
EL LENGUAJE DE LA CREACIÓN

"¿No se venden dos gorriones por una monedita? Sin embargo, ni uno de ellos caerá a tierra sin que lo permita el Padre". Mateo 10:29 (NVI)

Desde pequeño he sido amantes de los animales. Puedo mencionar sus nombres y de inmediato verlos en la pantalla de mi mente. "Pewee" era un pequeño gorrión que criamos a mano cuando era niño.

Un día mientras jugaba en el patio, lo encontré dentro de su nido. Al parecer un fuerte viento lo había

Foto de un Gorrión del género de "Pewee"

arrojado al suelo. Mis padres y mis hermanos lo alimentábamos con un gotero. Una mezcla de pan mojado con leche y azúcar hacía a Pewee cantar de alegría. Alimentarlo no fue cosa difícil, pues el pequeño se encargaba de abrir su boca cada vez que nos acercábamos a la caja de zapatos convertida en su nuevo nido.

19

Pewee chillaba abriendo su pequeño pico y no cesaba de gritar hasta que no sintiera la punta del gotero que veía como su amante y cuidadora madre. Así Pewee se convirtió en el querendón de la familia. Fue una experiencia maravillosa la que mi familia y yo pasamos con el pequeño gorrión. Al poco tiempo, sus pequeñas plumas y su instinto de ave lo habían convertido en un excelente piloto de aviación. Ahora un gorrión adulto que no deseaba más su casa de cartón, hizo de la altura del gabinete de la cocina su nuevo hábitat.

Siempre que cruzábamos por sus predios, a los pocos segundos se lanzaba desde el tope del gabinete, volando atravesaba el pasillo, doblaba a la izquierda, luego hacía una derecha perfecta y aterrizaba encima de la cabeza del que en ese momento transitara por sus dominios, pues toda la casa se había convertido en su hábitat.

Es una experiencia sumamente hermosa la que se siente cuando se tiene una relación de amor con un animal, en nuestro caso, con una pequeña ave que por naturaleza jamás se dejaría tocar de un ser humano, por el temor que actualmente existe entre los animales y los hombres.

Durante el día colocábamos a Pewee dentro de una pequeña jaula en la terraza y luego en la tarde cuando regresábamos de la escuela y mis padres de sus trabajos, lo soltábamos dentro de la casa donde se la pasaba volando de una habitación a otra, a la sala o donde tenía su comedero encima de los gabinetes de la cocina.

En ocasiones lo llamaba y venía volando a mis manos para recibir su acostumbrado baño. Me echaba un poco de agua en la boca y la soplaba sobre él mientras abría sus pequeñas plumas y se espulgaba con su pico. Así durante el tiempo que estuvo Pewee con nosotros, toda mi familia lo aprendió a amar y cuidar como a cualquier otro miembro de la familia.

Durante todo el tiempo que Pewee estuvo en nuestro hogar, no hizo otra cosa que traer alegría a nuestras vidas, hasta el día que se enamoró. Mami se percató un día mientras estaba en su jaula en la terraza que era visitado por un apuesto joven que la enloquecía con su canto. Nuestra Reinita estaba cantando silbidos de amor. Así que un día, cuando mami sorprendió al joven plumado visitando a Pewee decidió que era tiempo de permitirle que se conocieran y le abrió la puerta de la jaula, quizás esperando que el novio entrara, pero no fue así, la naturaleza la llamó y Pewee salió volando detrás de su amado. Sin embargo mami nos cuenta que Pewee salió de la jaula y voló a los árboles cerca de la casa pero regresaba a sus manos.

Eso lo hizo varias veces teniendo en su potestad la oportunidad de partir detrás de su amado o regresar a nuestro hogar. Al principio regresó varias veces, pero finalmente el amor prevaleció y siguió su vuelo detrás de su amado. Aunque me puse triste al ya no tenerlo en el hogar, sin embargo me fue de consuelo saber que Pewee había vuelto a su Reino Animal de donde pertenecía. Nunca lo volvimos a ver aunque mami un día lo escuchó cantar en los alrededores de nuestro hogar. ¡Su canto era especial! Había aprendido sonidos que nosotros le enseñamos. Por eso lo pudo identificar.

Pero este libro no es para hacerle relatos de nuestras mascotas, sino para compartirles la revelación que he recibido del Señor sobre La Resurrección del Reino Animal que también Cristo conquistó como consecuencia de Su Sacrificio en la Cruz del Calvario. Así como Pewee, perros, gatos, cotorras, love birds, finches, peces, gallinas, becerros y hasta una oveja llamada

Tamara hemos tenido como mascota. A todos ellos sé que los volveré no solo ver, sino que también volveré a jugar con ellos.

Así es, y eso gracias al Sacrificio de nuestro Señor Jesucristo en la cruz del calvario donde derramó Su preciosa sangre que nos ha libertado del poder de la muerte, el cual es el aguijón del pecado.

Ah, pero no solo nosotros hemos sido libertados de ese terrible aguijón, sino también toda la Creación que sufrió las consecuencias del pecado. Igual que al hombre, la muerte también afectó la vida de los animales. Hoy vivo con la certeza sabiendo que están bajo el cuido de mi Señor. Alguien me dijo cuando era niño que la muerte de los animales no se lloraba. No se por qué razón me lo dijeron, pero lo cierto es que siempre he llorado la muerte de mis animalitos desde que era niño hasta hoy día que soy adulto.

La iluminación e inspiración que recibí del Señor sobre La Redención del Reino Animal, me ha llenado de gozo y un deseo de compartirlo con usted por una razón principal: La proclamación, exaltación y victoria del glorioso nombre de Jesús, Señor nuestro alcanzada mediante su sacrificio expiatorio en la cruz del calvario, con el cual compró la Redención del Hombre y también de toda la Creación, y esto incluye El Reino Animal. Pero José Herrera; ¿Cómo pues estás tan seguro de lo que dices?

Que bueno que se hizo esa pregunta. La misma noche en que oré a Dios preguntándole, fui despertado de madrugada escuchando "la proclamación en mi mente" de la siguiente Escritura:

"Y A TODO LO CREADO QUE ESTÁ EN EL CIELO, Y SOBRE LA TIERRA, Y DEBAJO DE LA TIERRA, Y EN EL MAR, Y A TODAS LAS COSAS QUE EN ELLOS HAY, OÍ DECIR: AL QUE ESTÁ SENTADO EN EL TRONO, Y AL CORDERO, SEA LA ALABANZA, LA HONRA, LA GLORIA Y EL PODER POR LOS SIGLOS DE LOS SIGLOS". Apocalipsis 5:13

El Apóstol Juan escuchó a todos los Seres Vivientes de la Creación Alabar a Dios. Él entendió el lenguaje de cada una de las millones de Criaturas Creadas.

Para que entienda lo importante de esta proclamación es que dice: Y A TODO LO CREADO. Todo es todo. Desde el principio hasta el final. Todo. Animales desde la era prehistórica, dinosaurios para ser mas específico, el grito de la Alabanza Suprema de la Creación. ¡Aleluya!

Oh, espero que el Señor le permita digerir esta revelación en su espíritu, porque de lo contrario no podrá comprenderla. Aquí hay dos poderosas verdades que quiero que entienda.

Nuevamente, por favor, no busquemos entender como es posible que Juan haya entendido en su espíritu que en ese grito de alabanzas estaban "todas las especies de la Creación". De nuevo; y todas. Y segundo; dice Juan, **oí decir.**

Poniéndolo en perspectiva, Juan escuchó en ese momento todos los sonidos pronunciados según los miles de miles de especies y géneros de animales que fueron creados por Dios. Y no solo los escuchó a todos a la vez, sino que entendió su lenguaje animal con el cual proclamaron a Jesús la Suprema Alabanza de Adoración diciendo:

AL QUE ESTÁ SENTADO EN EL TRONO, Y AL CORDERO, SEA LA ALABANZA, LA HONRA, LA GLORIA Y EL PODER POR LOS SIGLOS DE LOS SIGLOS".

No tengo palabras para explicarles la sensación tan hermosa y sobrenatural que experimenté cuando escuché la proclamación de esa Escritura por el Espíritu Santo en mi mente mientras dormía y que obviamente, no solo me despertó sino que salté literalmente de la cama lleno de la gloriosa presencia viva del Señor.

Las Escrituras fluían por mi mente como musa divina revelando la respuesta a mi pregunta lo cual a la vez me producían un gozo inefable y una paz sobrenatural de bendición en mi alma, que trato de hacerla comprender, pero no hay palabras. ¡Aleluya! ¡Gloria a Dios! Señor, gracias, gracias, gracias.

No podía detener mis alabanzas y adoración. Me reía, caminando de un lado al otro en mi balcón contemplando el cielo lleno de estrellas. "Wow" Señor, tú eres tremendo, maravilloso, cuánto amor tienes para con la obra de tus manos. Rápidamente busqué mi Biblia y directamente fui al versículo que me proclamaron con tal autoridad en mi interior.

Que grande y maravilloso es nuestro Dios. Ciertamente Él cumple su Palabra que dice: *"Clama a mí, y Yo te responderé, y te enseñaré cosas grandes y ocultas que tú no conoces".* Jeremías 33:3

No puedo más allá de testificarle, que ningún gorrión está olvidado delante de Dios. Esa es la soberana voluntad y control del Señor sobre su Creación. ¿Cómo o cuándo resucitarán los animales? Más adelante discutiremos ese tema, pero le adelanto que "todos", los seres vivientes creados por Dios, que están en el cielo, sobre la tierra, debajo de la tierra, en el mar y todas las cosas que en ellos hay, también se unirán a nosotros en una <u>Suprema Adoración Celestial.</u>

¿Qué significa esto?
¡QUE TAMBIÉN RESUCITARON!

¡Imagine lo que escuchó Juan! Él no da detalles de como pudo identificar el sonido de alabanza de cada criatura, pero en ese momento de revelación divina, Dios le dio al Apóstol la habilidad de oír y entender lo que escuchaba. ¿Cómo? Eso no lo sé y no necesito saberlo para entender o creer lo que Juan está diciendo en su registro escritural.

Aquí es donde la sabiduría de los intelectuales y científicos que para todo necesitan de una explicación lógica, tropiezan y no pueden comprender las maravillas de Dios. Él que hizo la lengua, ¿no conocerá acaso los lenguajes? Quien creó los idiomas y dialectos, ¿no los entenderá?

Y si bien los estudiosos de los animales han descubierto que ellos se comunican entre si por medio de los sonidos que hacen, ¿Por qué no creer que Dios quién fuera su creador, no los entienda? *"¿Quién prepara al cuervo su alimento, cuando sus polluelos claman a Dios, Y andan errantes por falta de comida?* Job 38:41

El problema es que el ser humano quiere entender con su mente limitada a Dios. Sin embargo, la fe nos permite abrir una puerta por la cual podemos entrar en el conocimiento de lo oculto de sus maravillas. Esto me recuerda la Escritura que dice: *"Las cosas secretas pertenecen a Jehová nuestro Dios; mas las reveladas son para nosotros y para nuestros hijos para siempre, para que cumplamos todas las palabras de esta ley".* Deuteronomio 29:29 Escudriñaremos en el próximo capítulo la Escritura que me fue iluminada.

CAPÍTULO 2
LA ADORACIÓN CELESTIAL

Esta maravillosa revelación es parte de todo un grupo de eventos proféticos que al Apóstol Juan se le revela cuando estuvo preso en la isla de Patmos, en donde se hallaba exiliado como consecuencia de su fe cristiana por la persecución desatada contra la Iglesia primitiva de aquellos días.

En el capítulo 4 y 5 son claves para comprender la realidad de la Resurrección del Reino Animal. Escudriñemos, pues esos versos con mucha atención;

"Después de esto miré, y he aquí una puerta abierta en el cielo; y la primera voz que oí, como de trompeta,

*hablando conmigo, dijo: Sube acá, y yo te mostraré las cosas que sucederán después de estas. Y al instante yo estaba en el Espíritu; y he aquí, un trono establecido en el cielo, y en el trono, uno sentado. Y el aspecto del que estaba sentado era semejante a piedra de jaspe y cornalina; y había alrededor del trono **un arco iris,** semejante en aspecto a la esmeralda.*

Y alrededor del trono *había veinticuatro tronos; y vi sentados en los tronos a veinticuatro ancianos, vestidos de ropas blancas, con coronas de oro en sus cabezas. Y del trono salían relámpagos y truenos y voces; y delante del trono ardían siete lámparas de fuego, las cuales son los siete espíritus de Dios. Y delante del trono había como un mar de vidrio semejante al cristal;* ***y junto al trono, y alrededor del trono, cuatro seres vivientes llenos de ojos delante y detrás.***

El primer ser viviente era semejante a ***un león, el segundo era semejante a un becerro; el tercero tenía rostro como de hombre; y el cuarto era semejante a un águila volando.***

Y los cuatro seres vivientes tenían cada uno seis alas, y alrededor y por dentro estaban llenos de ojos; y no cesaban día y noche de decir; Santo, santo, santo es el Señor Dios

Todopoderoso, el que era, el que es, y el que ha de venir. Y siempre que aquellos seres vivientes dan gloria y honra y acción de gracias al que está sentado en el trono, al que vive por los siglos de los siglos, los veinticuatro ancianos se postran delante del que está sentado en el trono, y adoran al que vive por los siglos de los siglos, y echan sus coronas delante del trono, diciendo; Señor, digno eres de recibir la gloria y la honra y el poder;

Porque tú creaste todas las cosas, y por tu voluntad existen y fueron creadas."

En otras palabras, la "Creación" está alabando a Dios por su existencia. Porque por la voluntad de Dios viven y están en Su presencia.

Esa poderosa revelación que vivió el Apóstol Juan estando en la cárcel de la isla de Patmos sería suficiente para ver la representación de la Creación delante de Dios el cual está sentado en el trono, que los animales tienen parte en la Redención conquistada por nuestro amado Señor y Salvador Jesucristo. Hay mucha más tela para cortar. Antes de proseguir, es menester que lea con detenimiento los versos marcados en negritas y subrayados, pues ellos nos darán iluminación importante al respecto.

Primeramente, alrededor del trono Juan pudo ver **un arco iris.** Creo que todos los cristiano sabemos lo que ese arco iris significa o representa y porque razón está alrededor del trono. Para el beneficio de los que desconocen su significado, lo explicaré.

Estoy convencido que muchos cristianos se sorprenderán cuando vayamos al libro de los comienzos de la vida, el Génesis, para descubrir la importancia y el significado de ese arco iris que adorna el trono de Dios en el cielo. Luego de la caída de Adán, la maldad de los hombres se multiplicó de tal manera que dice la Escritura *que vio Jehová que la maldad de los hombres era mucha en la tierra, y que todo designio de los pensamientos del corazón de ellos era de continuo solamente el mal.* Génesis 6:5

Por lo cual Dios determinó la destrucción del hombre: dijo, *raeré de sobre la faz de la tierra a los hombres que he creado, desde el hombre hasta la bestia, y hasta la bestia, y hasta el reptil y las aves del cielo; pues me arrepiento de haberlos hecho".*

Todo ser viviente quedó bajo una sentencia de muerte y destrucción segura por medio del juicio de Dios decretado a consecuencia de la maldad de los hombres. Nuevamente; ¿Tuvieron culpa los animales de esa tragedia? Como mencioné al principio no, aunque Satanás halla utilizado una "serpiente" para ejecutar su engaño.

Por otro lado, no olvidemos que los animales y el hombre, ambos son parte de la creación y aunque distintos uno del otro, en ambos como seres vivientes fueron creados por Dios con **"espíritu de vida"** en su interior, haciendo diferencia que solo el hombre recibió "soplo del Altísimo por su nariz".

¿Cuál es la diferencia entre; el **"espíritu de vida"** y el **"soplo de aliento de vida"**? Para ponerlo sencillo, si Dios no hubiera soplado por la nariz del hombre Su aliento de vida, el hombre hubiera sido un género más entre la incontables miles de especies que existen de animales. En ese soplo de aliento de vida Dios hizo nacer el **"neshamá"** en el hombre.

Ese es el significado de la Escritura en el original, en este caso, del hebreo. **El alma, aliento vital, inspiración divina, intelecto, hálito**.

Por otro lado, el término "alma" en el Antiguo Testamento es traducción común del sustantivo hebreo "nefesh" que a su vez de deriva del verbo nafash (respirar, rehacerse). Aparece unas 755 veces en el Antiguo Testamento con significados muy variados. Así, en hebreo, morir se expresa muchas veces por "exhalar la nefesh". Puesto que la respiración es señal de vida, el alma "soplo" se considera como el principio de la vida. En un sentido más amplio, la nefesh puede definir a un ser vivo en la totalidad de su existencia, sea animal "seres" o ser humano "personas".

Ahora, es notable que además de la vida física, se atribuyen a la nefesh todas las funciones síquicas. Por ejemplo, los pensamientos como también al corazón y al espíritu. La voluntad. El alma o nefesh es la sede del amor o el odio, la tristeza y la alegría. Siente hambre y sed, pero también busca a Dios y suspira por Él.

Es como el asiento de las emociones del hombre. Su inteligencia nace ahí. Por eso dice la Escritura, "el alma que pecare, esa morirá". Teniendo ahora claro la diferencia entre el hombre y los animales, regresemos al Génesis donde "el arco iris" hace su aparición como una importante señal para toda la "Creación".

*"Y he aquí que yo traigo un diluvio de aguas sobre la tierra, para destruir **toda carne en que haya espíritu de vida** debajo del cielo, todo lo que hay en la tierra morirá."* Génesis 6:17

Pero Noé halló gracia ante los ojos de Jehová. ¡Aleluya! Aquí viene lo bueno y maravilloso del Señor por lo cual su Creación lo Adora en una Suprema Alabanza en Apocalipsis 4 y 5.

"Dijo luego Jehová a Noé: Entra tú y toda tu casa en el arca; porque a ti he visto justo delante de mi en esta generación. De todo animal limpio tomarás siete parejas, macho y su hembra; mas de los animales que no son limpios, una pareja, el macho y su hembra. También de las aves de los cielos, siete parejas, macho y hembra, para conservar viva la especie sobre la faz de la tierra. Porque pasados aún siete días, yo haré llover

*sobre la tierra cuarenta días y cuarenta noches; y raeré de sobre la faz de la tierra **a todo ser viviente que hice.** "* Génesis 7:1-4

La historia de Noé para muchos es una leyenda, sin embargo Cristo la mencionó y la puso como señal y ejemplo a las generaciones venideras. Esa generación sufrió los juicios de Dios en respuesta a sus actos de maldad. Ciertamente nuestra generación ya ha sobrepasado los límites de maldad comparados con la generación de Noé, es posible que estemos viviendo los siete días de gracia antes que el diluvio fuera derramado.

¿Cuánto más nos queda de gracia? Solo Dios sabe. Pero ciertamente así como libró a Noé y su familia y los animales que entraron al arca, también ha preparado un Arca de Salvación el cual es Cristo Jesús para salvarnos de los juicios que vendrán sobre la tierra anunciados de antemano en Su Palabra. Basta para mí que esté en las Sagradas Escrituras para creer que sucedió el diluvio y su maravillosa historia de salvación la que el Señor mismo confirmó.

Pero hoy día, para testimonio de los que pudieran dudar, Dios permitió que fuera descubierta el arca por un grupo de investigadores chinos y turcos en el monte Ararat en Turquía. Ahora, lo sucedido ya todos lo conocemos. Vino el diluvio y luego de cuarenta días y noches de intensa lluvia, Dios se acordó de Noé, su familia y los animales que los acompañaban en el primer Crucero construido por el hombre. 300 codos de longitud por 50 codos de altura divididos en tres pisos, aunque no sería el más grande comparado con los cruceros de hoy día, paro esa época, era una nave que de seguro tenía al pueblo impresionado.

De acuerdo a las medidas del Antiguo Testamento, un codo era considerado la distancia desde el codo hasta la punta del dedo índice. Mas o menos un pies y medio o dieciocho pulgadas de longitud por cada codo. Para tener una idea, ciento cincuenta metros (150 metros) de longitud o cuatrocientos cincuenta pies (450 pies) de eslora. Y setenta y cinco pies (75 pies) de altura, o veinticinco metros de alto tendría el arca aproximadamente (25 metros) los cuales estaban divididos en tres pisos.

Si sale al patio de su casa con una cinta métrica y comienza a medir de seguro que se impresionará como yo, el crucero de Noé era grande en verdad e impresionante. ¡Aleluya!

En esa nave, lo cual es un tipo de Cristo, fueron salvados Noé, su familia y los animales. Ahora bien, vayamos al Capítulo 9 de Génesis donde encontraremos una información sumamente importante que nos facilitará comprender porque todos los animales de la Creación le dan gloria y honra y esa Alabanza Suprema que tuvo la oportunidad el Apóstol Juan de escuchar cuando le fue revelado.

Este es el pacto que Dios hizo con Noé y todos los seres vivientes. La palabra pacto significa "acuerdo" o "convenio". En el Nuevo Diccionario Ilustrado de la Biblia nos dice que es el convenio que expresa la relación especial de Jehová con su pueblo. En el caso del primer uso de la palabra pacto (berit) aparece en relación con Noé e implica los beneficios para toda su familia.

Este pacto se desarrolla en Génesis 9:1-17 donde se aplica a toda la descendencia de Noé y a todo ser viviente. En este caso la gracia prometida no depende de una buena comprensión o respuesta positiva por parte de todos los beneficiados. Es un pacto eterno cuya señal es el arco iris y está arraigado en la gracia divina.

Implica esto una bendición universal y se puede considerar como una renovación del pacto con Adán y un avance del pacto salvífico con Abraham.

DIOS HIZO PACTO CON NOÉ Y LOS ANIMALES

"Bendijo Dios a Noé y sus hijos, y les dijo: Fructificad y multiplicaos, y llenad la tierra. El temor y el miedo de vosotros estarán sobre todo animal de la tierra, y sobre toda ave de los cielos, en todo lo que se mueva sobre la tierra, y en todos los peces del mar; en vuestra mano son entregados.
Todo lo que se mueve y vive, os será para mantenimiento; así como las legumbres y plantas verdes, os lo he dado todo. Pero carne con su vida, que es su sangre, no comeréis. Porque ciertamente demandaré la sangre de vuestras vidas; de mano de todo animal la demandaré, y de mano del hombre, de mano del varón su hermano demandaré la vida del hombre.

El que derramare sangre de hombre, por el hombre su sangre será derramada; porque a imagen de Dios es hecho el hombre. Mas vosotros fructificad y multiplicaos; procread abundantemente en la tierra, y multiplicaos en ella.

Y habló Dios a Noé y a sus hijos con él, diciendo: <u>He aquí que Yo establezco mi pacto con vosotros, y con vuestros descendientes después de vosotros; Y CON TODO SER VIVIENTE QUE ESTÁ CON VOSOTROS; AVES, ANIMALES Y TODA BESTIA DE LA TIERRA QUE ESTÁ CON VOSOTROS, DESDE TODOS LOS QUE SALIERON DEL ARCA HASTA TODO ANIMAL DE LA TIERRA. ESTABLECERÉ MI PACTO CON VOSOTROS, Y NO EXTERMINARÉ YA MÁS TODA CARNE CON AGUAS DE DILUVIO, NI HABRÁ MÁS DILUVIO PARA DESTRUIR LA TIERRA.</u>

<u>Y DIJO DIOS: ESTA ES LA SEÑAL DEL PACTO QUE YO ESTABLEZCO ENTRE MÍ Y VOSOTROS Y TODO SER VIVIENTE QUE ESTÁ CON VOSOTROS, POR SIGLOS PERPETUOS: MI ARCO HE PUESTO EN LAS NUBES,</u>

EL CUAL SERÁ POR SEÑAL DEL PACTO ENTRE MÍ Y LA TIERRA.

Y sucederá que cuando haga venir nubes sobre la tierra, se dejará ve entonces mi arco en las nubes. Y me acordaré del PACTO MÍO, QUE HAY ENTRE MÍ Y VOSOTROS Y TODO SER VIVIENTE DE TODA CARNE; y no habrá más diluvio de aguas para destruir toda carne.

Estará el arco en las nubes, y lo veré, y me acordaré del PACTO PERPETUO ENTRE DIOS Y TODO SER VIVIENTE, CON TODA CARNE QUE HAY SOBRE LA TIERRA. Dijo pues, Dios a Noé; Esta es la SEÑAL DEL PACTO QUE HE ESTABLECIDO ENTRE MI Y TODA CARNE QUE ESTÁ SOBRE LA TIERRA." Génesis 9:1-17

¿No es Dios merecedor de una Alabanza Suprema? ¡ALELUYA, SANTO, MAJESTUOSO Y MARAVILLOSO ES ÉL SEÑOR, GLORIA A DIOS Y ALABANZAS PARA ÉL POR LOS SIGLOS DE LOS SIGLOS!

Cada vez que sale el Arco Iris es un recuerdo que existe un Pacto perpetuo que Dios hizo con el Hombre y los Animales.

¿Dígame si esto no es una razón maravillosa por la cual "toda la Creación" magnífica y reconoce el señorío de Jesucristo en esa Suprema Alabanza de la Creación narrada en Apocalipsis?

El arco iris no solo aparece como señal de ese pacto y lo vemos especialmente luego que finaliza la lluvia, o cuando se nubla el cielo, sino que ese arco iris adorna el trono de Dios por la eternidad. Pero lo grande y maravilloso es lo que ese arco iris representa, no solo para el hombre, sino para todos los animales y seres vivientes   creados por Dios.

43

Significa "La Resurrección del Reino Animal" juntamente con la del hombre que fue creado a Su imagen y semejanza. Mi amado hermano en la fe en Cristo Jesús Señor Nuestro y amigo que me acompañas por medio de la lectura de mi libro, la obra redentora de Cristo sobre toda, repito y enfatizo, TODA LA CREACIÓN FUE COMPLETA.

Lo contrario, sería una derrota o una victoria a medias. Y Dios no tiene victorias a medias, usted y yo muy bien que lo sabemos. ¿Pudo darse cuenta las veces que Dios le repitió que Su Pacto era con él y los animales? Haga este ejercicio un momento, vaya a la escritura y cuente las veces que lo repite. Por eso quise escribir el capitulo nueve prácticamente completo, para que se diera cuenta.

¡Siete veces! ¿Será eso una casualidad? El siete todos sabemos que es el número de Dios, es el número de la plenitud de Dios manifestada. Hablar del siete es tema para otro libro. Pero a mi entender, le da mas relevancia al asunto aquí discutido. ¿Qué implica el que Dios haya hecho un Pacto con el hombre y los animales? Podemos llenar páginas de tantas respuestas, pero la más determinante para mí es que, ni uno de ellos se perdió.

Todos fueron recordados en la eterna presencia de Dios el día en que todas las cosas creadas serán unidas delante del trono para cumplir la Escritura que dice:

"Por lo cual Dios también le exaltó hasta lo sumo, y le dio un nombre que es sobre todo nombre, para que en el nombre de Jesús se doble toda rodilla de los que están en los cielos, y en la tierra, y debajo de la tierra; y toda lengua confiese que Jesucristo es el Señor, para gloria de Dios Padre".
Filipenses 2:11

¿Duda de esta verdad revelada en la Escritura? Pues, escuche lo que dice el que está sentado en el trono:

"Y el que estaba sentado en el trono dijo: HE AQUÍ, YO HAGO NUEVAS TODAS LAS COSAS. Y me dijo: ESCRIBE; porque estas palabras son FIELES Y VERDADERAS. Y me dijo; Hecho está. YO SOY EL ALFA Y LA OMEGA, EL PRINCIPIO Y EL FIN. AL QUE TUVIERE SED, YO LE DARÉ GRATUITAMENTE DE LA FUENTE DEL AGUA DE LA VIDA. EL QUE VENCIERE HEREDARÁ TODAS LAS COSAS, Y YO SERÉ SU DIOS, Y ÉL SERÁ MI HIJO".

Apocalipsis 21.5-8   Alabado sea el Señor.

Es necesario hacer reverencia a esa expresión, por tanto, permítame finalizar la cita bíblica.

"...Pero los cobardes e incrédulos, los abominables y homicidas, los fornicarios y hechiceros, los idólatras y todos los mentirosos tendrán su parte en el lago que arde con fuego y azufre, que es la muerte segunda".

¡Todas las cosas hechas nuevas! Los animales serán todos nuevamente en la eternidad, no así el hombre, porque el hombre con su intelecto tuvo la oportunidad de escoger la salvación mediante su fe en Jesús.

Quién haya rechazado el nombre que ha sido dado al hombre para que creyendo en ese nombre alcance salvación. Quién lo menosprecie, no quiero estar en sus zapatos.

Por tal razón, hagamos un alto para reflexionar. Si usted al día de hoy no ha aceptado a Jesús como su Salvador personal, lo invito a hacerlo en este momento.

Sencillamente repita conmigo esta sencilla oración de fe. *"Padre celestial, vengo a ti en el nombre de tú hijo Jesús, para pedirte que perdones mis pecados y escribas mi nombre en el Libro de la vida del Cordero. Señor, me arrepiento de mis pecados y confieso que tú moriste en la cruz del calvario para salvarme a mi. Perdóname y ayúdame por favor te lo pido, en el nombre de Jesús."*

Si hizo esa oración de corazón conmigo, le felicito y le doy la bienvenida a la gran familia de Dios.

Antes de continuar, permítame sugerirle que busque una Iglesia cristiana donde se predique el evangelio de Jesucristo. Ore al Señor y pídale que lo dirija a cual Iglesia añadirse, estoy seguro que Él lo va a guiar por su Santo Espíritu.

Es importante que diariamente esté en comunión con Dios. Medite siempre en Él. Lea la Biblia que es Su Palabra. Ella será alimento a su alma. Y siempre, aunque no sea de rodillas, ore al Padre en el nombre de Jesús. Orar es hablar con Dios.

Hable como un hijo a un padre le hablaría. Con amor y respeto. Cultive su comunión con el Señor y verá las ricas y maravillosas experiencias que de seguro vivirá con Él. *"El que tiene mis mandamientos y los guarda, ése es el que me ama; y el que me ama, será amado por mi Padre, y <u>Yo le amaré, y me manifestaré a él"</u>*. Juan 14:21

Pero Herrera; ¿Cómo resucitarán los animales? Qué bueno que me pregunta, vamos a la respuesta en el próximo capítulo.

CAPITULO 3
LA RESURRECCION DEL REINO ANIMAL

"Porque así como en Adán todos mueren, también en Cristo todos serán vivificados. Pero cada uno en su debido orden: Cristo, las primicias; luego los que son de Cristo, en su venida. Luego el fin, cuando entregue el reino al Dios y Padre, cuando haya suprimido todo dominio, toda autoridad y potencia. Porque preciso es que Él reine hasta que haya puesto a todos sus enemigos debajo de sus pies. Y el postrer enemigo que será destruido es la muerte. Porque todas las cosas las sujetó debajo de sus pies, Y cuando dice que todas las cosas han sido sujetadas a Él, claramente se exceptúa aquel que sujetó a Él todas las cosas. Pero luego que todas las cosas le estén sujetas, entonces también el Hijo mismo se sujetará al que le sujetó a Él todas las cosas, para que Dios sea todo en todos". 1 Corintios 15:22-28

Recientemente realicé una pequeña encuesta entre hermanos y amistades haciendo la siguiente pregunta; ¿Los animales resucitan, si o no? Me sorprendió que todos respondieran no. Sencillamente es un tema desconocido y de lo cual no se habla o discute en las Iglesias.

Antes de mi experiencia también lo desconocía, solo tenía unas leves ideas que me fueron confirmada por el Espíritu Santo. Algunos hasta han insinuado que estoy haciendo preguntas capciosas, cosa que no es así. Otros me han comentado que sobre el tema no se menciona nada en la Biblia y por tal razón, no es posible que los animales resuciten. Pero lo cierto es que sí, la Palabra de Dios habla claramente sobre el tema.

Ya hemos visto como Dios tiene un Pacto perpetuo con los animales los cuales veremos en el cielo en la Alabanza Suprema, por tanto, si están en el cielo en ese momento de gloria, quiere decir que los animales de alguna manera también resucitaron.

Veamos que más dicen las Sagradas Escrituras que el Espíritu Santo me hizo entender respecto a la resurrección de los animales. Espero que el Señor le habrá el entendimiento para que lo mismo que me reveló a mi, le ocurra a usted, pues no para que entienda meramente, sino para que vea cuan profundo y grande es el amor de nuestro Dios hacia Su Creación.

Al igual que nosotros tuvimos nuestro sexto día en la semana de la Creación donde Dios se gozó en gran manera creándonos, El Reino Animal tuvo dos días, el quinto y también el sexto día junto al hombre. En el quinto fueron creadas las aves y toda la vida marina. En el sexto día juntamente con el hombre fue creado el Reino Animal.

Aunque las plantas también son seres vivientes según su especie, pertenecen al Reino de la Vegetación, lo cual sería tema para otro libro. Sin embargo, es importante señalar que los árboles, la yerba verde y toda la vegetación juegan un papel importantísimo para la vida, fue creada como la provisión tanto para el hombre y los animales. Pero inclusive, sabemos que sin la vida de los árboles, no pudiéramos existir.

Por medio del proceso de fotosíntesis que realiza el reino vegetal se produce el oxígeno que respiramos sin el cual no podríamos vivir. Así que, si la vida del reino vegetal es afectada, también nosotros seremos afectados. Si se extinguen los árboles, ¿qué cree que nos pasaría? Tanto el hombre como las bestias que hoy son salvajes y toda especie animal que estaba sobre la tierra eran vegetarianos. Para el hombre se le dio a comer de las frutas de los árboles. Los animales como el león comían pasto verde como la vaca. De hecho, en el milenio volverán a su estado original, pero de eso hablaremos en el próximo capitulo.

Lo cierto es que El Reino Animal es parte muy importante de la Creación de Dios. Tan importante fue que de igual manera cuando Dios creó las demás cosas, también expresó su emoción al crearla: *"Dijo Dios: Produzcan las aguas seres vivientes, y aves que vuelen sobre la tierra, en la abierta expansión de los cielos, y creó Dios los grandes monstruos marinos y todo ser viviente que se mueve, que las aguas produjeron según su género, y toda ave alada según su especie. Y vio Dios que era bueno.*

Y Dios los bendijo, diciendo: Fructificad y multiplicaos, y llenad las aguas en los mares y multiplíquense las aves en la tierra. Y fue la tarde y la mañana el día quinto. Luego dijo Dios; Produzca la tierra seres vivientes según su género, bestias y serpientes y animales de la tierra según su especie. Y fue así. E hizo Dios animales de la tierra según su género, y ganado según su género, y todo animal que se arrastra sobre *la tierra según su especie, <u>Y vio Dios que era bueno</u>.*

Entonces dijo Dios: Hagamos al hombre a nuestra imagen, conforme a nuestra semejanza; y señoree en los peces del mar, en las aves de los cielos, en las bestias, en toda la tierra y en todo animal que se arrastra sobre la tierra. Y creó Dios al hombre a su imagen, a imagen de Dios lo creó; varón y hembra los creó.

Y los bendijo Dios y les dijo; Fructificad y multiplicaos, llenad la tierra y sojuzgadla, y señoread en los peces del mar, en las aves de los cielos y en todas las bestias que se mueven sobre la tierra. ...Y vio Dios todo lo que había hecho, y he aquí que era bueno en gran manera." Génesis 1:20-31

Sin duda que el acontecimiento más relevante durante esa semana, fue la Creación de la vida, especialmente la del hombre. Sin embargo, también la vida vegetal, marina y del reino animal son necesarias para la existencia del hombre. El hombre fue creado y colocado como la "Corona de la Creación" para que gozara en representación de Dios de todo lo creado para la Gloria del Señor. ¿Se imagina la cantidad de animales y especies de seres vivientes que fueron creados y bendecidos con las palabras de Dios multiplíquense y fructifiquen llenando la tierra? ¿Se imagina ese mundo prehistórico donde los dinosaurios corrían en la tierra? ¡Qué grande es nuestro Dios!

Según la ciencia, el Reino Animal en la actualidad, existen de tres a diez millones de especies de animales y vegetales y es posible que en un tiempo atrás, no muy lejano, hubiera el doble. Y cada especie es única en su género. Ante tal realidad, siendo millones las distintas especies, formas de vidas, géneros de animales y seres vivientes que juntamente al hombre fueron creados, los cuales como parte de la Obra Maestra de Dios que es La Creación, sufrieron las consecuencias del pecado del hombre, que es la muerte, ¿sería justo ante Dios que la Obra Redentora de Jesucristo solo trajera liberación y salvación al hombre?

Ningún animal o cosa creada tuvo la culpa del pecado del hombre que por consiguiente produjo la sentencia de Dios: *"Y al hombre dijo: Por cuanto obedeciste a la voz de tu mujer y comiste del árbol de que te mandé diciendo: No comerás de él; maldita será la tierra por tu causa; con dolor comerás de ella todos los días de tú vida...*" Génesis 3:17

Dentro de esa Creación, específicamente El Reino Animal sufriría también la misma consecuencia que produjo el pecado en el hombre; la muerte. También los animales fueron salpicados con la misma maldición, aun siendo ellos inocentes.

Es por eso que así como nosotros esperamos el día de nuestra redención con gran anhelo porque ese día volveremos a nuestra gloria de la cual fuimos destituidos, la Creación la espera con ansias porque también ella volverá a su estado original.

*"Pues tengo por cierto que las aflicciones del tiempo presente no son comparables con la gloria venidera que en nosotros ha de manifestarse. **Porque el anhelo ardiente de la creación es el aguardar la manifestación de los hijos de Dios. Porque la creación fue sujetada a vanidad, no por su propia voluntad, sino por causa del que la sujetó en esperanza; porque también la creación misma será libertada de la esclavitud de***

corrupción, a la libertad gloriosa de los hijos de Dios. Porque sabemos que toda la creación gime a una, y a una está con dolores de parto hasta ahora;…" Romanos 8:18-22

De cierta manera la vida del hombre está ligada a la vida de los animales porque ambos forman parte de "La Creación". Por tanto, no podemos considerar que la resurrección únicamente de los hombres el día de la redención sería una restauración total de la Creación. Ahora la Escritura habla de un orden en el cual será dará la resurrección.

*"Porque así como en Adán **todos** mueren, también en Cristo **todos** serán vivificados. **Pero cada uno** en su debido orden:* (Cuando le resalto con una raya todos es para que comprenda que se refiere a todos los seres vivientes, no únicamente el hombre, pero en el orden establecido por Dios)

Cristo, las primicias; luego los que son de Cristo, en su venida. Luego el fin, cuando entregue el reino al Dios y Padre, cuando haya suprimido todo dominio, toda autoridad y potencia. Porque preciso es que Él reine hasta que haya puesto a todos sus enemigos debajo de sus pies. Y el postrer enemigo que será destruido es la muerte. Porque todas las cosas las sujetó debajo de sus pies, Y cuando dice que todas las cosas han sido sujetadas a Él, claramente se exceptúa aquel que sujetó a Él todas las cosas. Pero luego que todas las cosas le estén sujetas, entonces también el Hijo mismo se sujetará al que le sujetó a Él todas las cosas, para que Dios sea todo en todos". 1 Corintios 15:22-28

Para que Dios sea todo en todos lo vemos en la ALABANZA SUPREMA que escuchó el Apóstol Juan en el Apocalipsis.

"Pero dirá alguno: ¿cómo resucitarán los muertos? ¿Con qué cuerpo vendrán? Necio, lo que tú siembras no se vivifica, si no muere antes. Y lo que siembras no es el cuerpo que ha de salir, sino el grano desnudo, YA SEA DE TRIGO O DE OTRO GRANO;

Permítame hacer un alto aquí. Fíjese que menciona o de trigo, que podemos catalogarlo como nosotros los hombre, y otro grano, lo cual deja al descubierto la realidad de un sin número de distintos tipos de grano.

En este caso, distintos otros tipos de granos son la variedad de cuerpos de seres vivientes que al igual que el hombre cuando mueren, la tierra se encarga de recibirlos como semilla del cual nacerá un grano desnudo, un cuerpo nuevo en otras palabras. Continuemos.

"...Pero Dios le da el cuerpo como Él quiso, y a cada semilla su propio cuerpo. NO TODA CARNE ES LA MISMA CARNE. SINO QUE UNA CARNE ES LA DE LOS HOMBRES, OTRA CARNE LA DE LAS BESTIAS, OTRA LA DE LOS PECES, Y OTRA LA DE LAS AVES.

Ahí tenemos la variedad de granos que menciona el contexto. Esto más claro no puede ser explicado. Dice la Escritura que toda carne como grano será sembrada como semilla en su muerte lo que producirá un grano desnudo, según el cuerpo que Dios le ha dado. A las personas que le pregunto si los animales resucitan se bloquean la mente pensando que no, porque lo analizan pensando en un mismo cuerpo al de los hombres. Los animales resucitarán pero conforme al orden y cuerpo que Dios les dará y eso amigo es asunto que ya Dios estableció.

Se sin lugar a duda alguna gracias a la experiencia que me fue dada por el Espíritu Santo que también los animales vivirán por la eternidad. El próximo capítulo lo veremos disfrutando de los pasajes de la Biblia que lo confirman. En el Milenio veremos a niños jugando con las serpientes y al león y la oveja comiendo pasto junto. ¡Está en la Biblia!

"Y hay cuerpos celestiales, y cuerpos terrenales; pero una es la gloria de los celestiales, y otra la de los terrenales". Definitivamente que ni carne ni sangre heredará el Reino de los Cielos. La gloria del cuerpo celestial no es la misma del cuerpo terrenal.

Sabemos nosotros por la Palabra que nosotros tendremos un cuerpo glorificado semejante al del Señor y como los Ángeles que ya no sufren daño corporal alguno, no envejecen, tendremos una capacidad que ahora apenas podemos mirarla como por un espejo. Pero el Espíritu Santo nos puede revelar a nuestro espíritu, las cosas que vendrán.

"Así también es la resurrección de los muertos. Se siembra en corrupción, resucitará en incorrupción. Se siembra en

*deshonra, resucitará en gloria; se siembra en debilidad, resucitará en poder. **SE SIEMBRA CUERPO ANIMAL, RESUCITARRÁ CUERPO ESPIRITUAL. HAY CUERPO ANIMAL, Y HAY CUERPO ESPIRITUAL.***

Así también está escrito: Fue hecho el primer hombre Adán alma viviente; el postrer Adán; espíritu vivificante. Mas lo espiritual no es primero, sino lo animal; luego lo espiritual. El primer hombre es de la tierra, terrenal; el segundo hombre, que es el Señor, es del cielo. Cual el terrenal, tales también los terrenales; y cual el celestial, tales también los celestiales. Y así como hemos traído la imagen del terrenal, traeremos también la imagen del celestial. Pero esto digo, hermanos; que la carne y la sangre no pueden heredar el reino de Dios, ni la corrupción hereda la incorrupción.

Este Capítulo 15 de la primera carta del Apóstol Pablo a los Corintios es una muy reveladora en cuanto a la resurrección. Es bien directa cuando menciona la transformación no solo del cuerpo humano, sino de todos los cuerpos creados a los cuales Dios les ha determinado "su gloria" en particular. Claramente dice que todos los seres vivientes serán resucitados y recibirán su cuerpo glorificado de acuerdo a su género.

¡Wao! Que maravilloso es Dios. Mientras estoy escribiendo y hace un rato estaba colocando la foto del arco iris en la página anterior, acabo de mirar por mi ventana y ¿sabes qué? Tremendo arco iris el Señor acaba de pintar en el cielo. ¡Aleluya!

Esto no puede ser una casualidad. Creo que es una muestra del gran amor de Dios hacia nosotros su Creación. Es como una confirmación de las palabras que escribí debajo de la foto: **Cada vez que sale el Arco Iris es un recuerdo que existe un Pacto perpetuo que Dios hizo con el Hombre y los Animales.** ¡Que tremendo es el Señor! Aleluya. Alabado sea Su Nombre por siempre. Amén.

Ahora la pregunta es: ¿Cuándo resucitarán los animales? ¿Resucitarán en el mismo día que el hombre? O sea, al sonar de la final trompeta, cuando el mismo Señor descienda del cielo y los muertos en Cristo resucitarán primero y luego nosotros, los que vivimos, seremos transformados y arrebatados al cielo en las nubes para recibir al Señor en el aire, como así lo dice la Escritura en 1ra de Tesalonicenses

4:16. Los versos que estudiamos anteriormente en la carta a los Corintios nos mencionan un orden en la resurrección.

Yo no quisiera entrar en lo especulativo, pero la Escritura establece que si la misma "Creación" está sufriendo dolores de parto aguardando por el día la manifestación de los hijos de Dios, porque ella misma también será libertada de la esclavitud de corrupción, a la libertad gloriosa de lo hijos de Dios, pues algo grande deberá de suceder también ese día para ellos, algo sucederá también a la creación. Dice claramente que será libertada también a la libertad de los hijos de Dios. ¡Esto es profundo y glorioso!

Tenemos que entender que cuando ocurra ese maravilloso día, en el mundo físico no se verán los resultados de esa transformación gloriosa, por el momento. Digo por el momento porque luego de los siete años de la gran tribulación cuando Jesús descienda a establecer su Reino aquí en la tierra, entonces la misma será transformada. Aunque el mundo se enterará de que hubo un arrebatamiento de millones de seres humanos que desaparecieron, no tendrán ellos ninguna evidencia ocular del cuerpo de gloria que sorbió el cuerpo corruptible. Solo tendrán de evidencia el montón de ropas, zapatos, prendas y carteras que quedaron atrás cual manto del Profeta Elías cuando fue llevado al cielo en un Torbellino.

Imagine el corre corre que ese día causará en todo el mundo. Los miles de testigos que por la televisión estarán dando su testimonio de cómo vieron desaparecer a gente que iban caminando delante de ellos.

Y no solo eso, sino gritos de desesperación de aquellos cristianos que descuidaron su vida espiritual y fueron dejados atrás. ¡Solo de pensarlo me da pavor!

En palabras sencillas, la transformación de los cuerpos y los efectos de lo que le sucederá a la nueva creación "el día de nuestra redención" será visto exclusivamente en el mundo espiritual. ¿Pero cómo será el cuerpo en que han de resucitar los animales y todo ser viviente creado? Tendremos que esperar para verlo. Solo Dios la sabe. Pero, de que van a resucitar, de eso no tengo la más mínima duda, pues la Escritura lo confirma en el contexto de la Alabanza Suprema de la Creación donde dice así: *"Y siempre que aquellos seres vivientes dan gloria y honra y acción de gracias al que está sentado en el trono, y adoran al que vive por los siglos de los siglos, los veinticuatro ancianos se postran delante del que está sentado en el trono, y adoran al que vive por los siglos de los siglos, y echan sus coronas delante del trono diciendo;* <u>Señor, digno eres de recibir la gloria y la honra y el poder;</u> **<u>porque tú creaste todas las cosas, y por tu voluntad existen y fueron creadas</u>***. ("existen", tiempo presente)*

Aleluya, todas las cosas que fueron creadas existen por Su voluntad. ¿Cuál es el problema? Si Él las creó para Su gloria, alabanza de Su nombre y por Su voluntad. ¿Quién puede oponerse a la voluntad del Señor? ¿Dígame o busque una razón con sentido y base Escritural del por qué los animales no resucitarán también al igual que el hombre? Solo una. Veamos la maravillosa promesa de Dios en la cual espera también pacientemente la Creación. Nuevamente, si la Creación está como con dolores de parto aguardando por la manifestación de los hijos de Dios, es porque también será libertada de la esclavitud de corrupción a la libertad gloriosa de los hijos de Dios según Romanos 8:21.

¡Que grande es lo que habremos de manifestar el día de nuestra redención! Es tan grande que impactará a toda la creación. Si hoy su vida cristiana siente que está cediendo a las tentaciones del enemigo que lo quieren hacer dejar el camino de salvación, no se rinda querido hermano o hermana en la Fe. Resista las pruebas, persevere hasta el final. Lo que nos espera no se puede comparar con ningún sufrimiento o prueba. El Señor dice; *"He aquí, Yo vengo pronto; retén lo que tienes, para que ninguno tome tú corona"*.
Apocalipsis 3:11

*"Pues tengo por cierto que las aflicciones del tiempo presente no son comparables **con la gloria venidera que en nosotros ha de manifestarse**. **Porque el anhelo ardiente de la creación es el aguardar la manifestación de los hijos de Dios**. **Porque la creación fue sujetada a vanidad, no por su propia voluntad,** sino por causa del que la sujetó en esperanza; porque también **la creación misma será libertada de la esclavitud de corrupción, a la libertad gloriosa de los hijos de Dios**. Porque sabemos que toda la creación gime a una, y a una está con dolores de parto hasta ahora;"*
Romanos 8:18-22

¿No le parece paradójico que los cristianos esperamos con ansias la manifestación del Reino del Milenio donde Cristo mismo regirá las Naciones con cetro de hierro en donde el león y la oveja comerán pasto juntos, sin embargo se hace difícil creer que los animales resuciten?

Pasemos al próximo capítulo donde veremos el Milenio que habla las Escrituras ha de ser una realidad del cual los redimidos de Jehová disfrutaran de ese Reino de completa paz y amor perfecto.

CAPÍTULO 4
EL REINO MILENIAL DE CRISTO

¿De dónde nace la idea de un Reino de mil años en la tierra en el cual Jesús como el Soberano Rey de Reyes y Señor de Señores gobernará con centro de hierro a las naciones? Primeramente debemos de considerar Apocalipsis 20. No olvidando lo que se le dijo al Apóstol Juan cuando se le dio la revelación de este libro Profético.

"Después de esto miré, y he aquí una puerta abierta en el cielo; y la primera voz que oí, como de trompeta, hablando conmigo, dijo:

"SUBE ACÁ, Y YO TE MOSTRARÉ LAS COSAS QUE SUCEDERÁN DESPUÉS DE ESTAS"...

Quiere decir que lo que a continuación daremos lectura, no ha sucedido, sino que, es profecía que no se ha cumplido. Digo esto, porque hoy día circulan falsas doctrinas donde se quiere hacer creer que el reino de Jesucristo está actualmente en operación. Bueno, si bien es cierto que hay un mover del Espíritu Santo y la Iglesia del Señor sigue su crecimiento en todo el mundo, no podemos pretender que la manifestación del milenio está en manifiesto. Primeramente, el diablo todavía está suelto. El Reino de los cielos por medio del Cuerpo de Cristo que somos nosotros la Iglesia, si estamos estableciéndolo aquí. Y por medio de nosotros sus beneficios comienzan a manifestarse, pero no de la manera visible que será manifestado en el momento ya determinado por Dios. El milenio será una manifestación del Reino de Dios aquí en la tierra, pero el Reino de Dios en los cielos, siempre ha estado ahí.

*"Vi a un ángel que descendía del cielo, con la llave del abismo, y una gran cadena en la mano. Y prendió al dragón, la serpiente antigua, que es el diablo y Satanás, y lo ató por <u>mil años;</u> y lo arrojó al abismo, y lo encerró, y puso su sello sobre él, para que no engañase más a las naciones, hasta que fuesen cumplidos mil años; y después de esto debe ser desatado por un poco de tiempo. Y vi tronos, y se sentaron sobre ellos los que recibieron facultad de juzgar; y vi las almas de los decapitados por causa del testimonio de Jesús y por la palabra de Dios, los que no habían adorado a la bestia ni a su imagen, y que no recibieron la marca en sus frentes ni en sus manos; <u>**y vivieron y reinaron con Cristo mil años**</u>".*

Dejando establecido la realidad que habrá un milenio de gobierno en la tierra donde Cristo será el Rey y Supremo gobernador de las naciones; ¿Qué se dice de los animales?

Recuerde que el tema principal de este libro es la Resurrección del Reino Animal lo que estamos discutiendo. Hago este recordatorio porque al tocar estos versos de las Escrituras que son ciertamente de carácter profético, no entraremos en puntos escatológicos en relación al cumplimiento de manera profunda, para no desviarnos del tema principal.

Estamos dando por sentado que habrá un milenio en la tierra y el mismo será bajo un gobierno Celestial compuesto por la Iglesia de Cristo, ángeles, animales y seres humanos que sobrevivieron los juicios que fueron derramados durante la semana que conocemos como La Gran Tribulación. Luego de los mil años cuando Satanás sea soltado de sus cadenas, saldrá a engañar a las naciones que están en los cuatro ángulos de la tierra, a Gog y a Magog, a fin de reunirlos para la batalla final. Esto ciertamente es material para un libro de estudio de las profecías y eventos actuales en pleno desarrollo que no descarto escribir en un futuro cercano.

Que maravilloso y terrible a la vez, será para los que estén en ese momento en la tierra, que sobrevivieron los días de la persecución del Anticristo y los juicios de Dios, ver que el cielo se abre y un <u>caballo blanco</u> viene descendiendo del cielo con un jinete muy especial. Más bien, una cabalgata de millones de millones de caballos descendiendo del cielo. ¿Cómo? ¿Caballos voladores?

Si, parece absurdo, pero será una maravillosa realidad. Y si vienen descendiendo con el Señor, quiere decir que en el cielo hay caballos. Y no solo caballos, hay toda una "Creación" de animales que existen y viven por la eternidad por la voluntad del Dios Todopoderoso que los creó.

*"Entonces vi el cielo abierto; **<u>y he aquí un caballo blanco, y el que lo montaba se llamaba Fiel y Verdadero</u>**, y con justicia juzga y pelea. Sus ojos eran como llama de fuego, y había en su cabeza muchas diademas; y tenía un nombre escrito que ninguno conocía sino él mismo. Estaba vestido de una ropa teñida en sangre; y su nombre es: EL VERBO DE DIOS. **<u>Y los ejércitos celestiales</u>**, vestidos de lino finísimo, blanco y limpio, **<u>le seguían en caballos blancos.</u>** De su boca sale una espada*

*aguda, para herir con ella a las naciones, y Él las regirá con vara de hierro; y Él pisa el lagar del vino del furor y de la ira del Dios Todopoderoso. Y en su vestidura y en su muslo tiene escrito este nombre: REY DE REYES Y SEÑOR DE SEÑORES. Y vi a un ángel que estaba en pie en el sol, y clamó a gran voz, diciendo a **todas las aves que vuelan en medio del cielo:** Venid, y congregaos a la gran cena de Dios, para que comáis carnes de reyes y de capitanes, y carnes de fuertes, carnes de caballos y sus jinetes, y carnes de todos, libres y esclavos, pequeños y grandes".* Apocalipsis 19:11-18

¿Puede en su mente ver esa escena impresionante? ¿Millones de millones de los ejércitos de Dios descendiendo en caballos blancos?

Y luego de la gran matanza que el jinete del caballo blanco dirige el cual sabemos es Cristo el Señor y los ejércitos celestiales ejecutan, viene ahora no montado en un pollino, humilde e indefenso para dejarse matar, ahora viene en juicio como Varón de guerra victorioso para destruir a sus enemigos. Debemos de señalar que esa misma visión la vivió el Profeta Zacarías la cual nos da otro punto de vista sobre ese terrible día de Jehová: *"En aquel día, dice Jehová, heriré con pánico a todo caballo, y con locura al jinete; mas sobre la casa de Judá abriré mis ojos, y a todo caballo de los pueblos heriré con ceguera". Zacarías 12:4*

La guerra que se desarrolla entre los ejércitos celestiales que descienden en caballos blancos con el Señor y los ejércitos del Anticristo que también muchos de ellos estarán a caballos, serán heridos con pánico, ceguera y locura. También el Profeta Jeremías profetizó sobre éste banquete de carnes que Dios le dará a las aves y a todas las bestias de la tierra. Es como la venganza del Reino Animal contra el hombre impío. Suena dramático, pero si vemos cuando se abrió el cuarto sello del Libro que tenía en la mano el que estaba sentado en el trono, nos hará volverlo a pensar.

*"Cuando abrió el cuarto sello, oí la voz del cuarto ser viviente, que decía: Ven y mira. Miré, y he aquí un caballo amarillo, y el que lo montaba tenía por nombre Muerte, y el Hades le seguía; y le fue dada potestad sobre la cuarta parte de la tierra, para matar con espada, con hambre, con mortandad, **y con las fieras de la tierra".** Apocalipsis 6:7-8*

"Y serán los cuerpos muertos de este pueblo para comida de las aves del cielo y de las bestias de la tierra; y no habrá quien las espante". Jeremías 7:33

¿Quién podrá permanecer en pie delante del Señor en ese día? *"En aquel día Jehová defenderá al morador de Jerusalén; el que entre ellos fuere débil, en aquel tiempo será como David; y la casa de David como Dios, como el Ángel de Jehová delante de ellos. Y en aquel día Yo procuraré destruir a todas las naciones que vinieren contra Jerusalén. Y derramaré sobre la casa de David, y sobre los moradores de Jerusalén, espíritu de gracia y de oración; y mirarán a mí, a quién traspasaron, y llorarán como se llora por hijo unigénito, afligiéndose por él como quien se aflige por el primogénito. En aquel día habrá gran llanto en Jerusalén, como el llanto de hadadrimón en el valle de Meguido"*. Zacarías 12:8-11

"He aquí, el día de Jehová viene, y en medio de ti serán repartidos tus despojos. Porque yo reuniré a todas las naciones para combatir contra Jerusalén; y la ciudad será tomada, y serán saqueadas las casas, y violadas las mujeres; y la mitad de la ciudad irá en cautiverio, mas el resto del

pueblo no será cortado de la ciudad. Después saldrá JEHOVÁ y peleará con aquellas naciones, como peleó en el día de la batalla. ***Y se afirmarán sus pies en aquel día sobre el monte de los Olivos, que está frente de Jerusalén*** *al oriente; y el* ***monte de los Olivos se partirá por en medio****, hacia el oriente y hacia el occidente, haciendo un valle muy grande; y la mitad del monte se apartará hacia el norte, y la otra mitad hacia el sur.*

Y huiréis al valle de los montes, porque el valle de los montes llegará hasta Azal; huiréis de la manera que huisteis por causa del terremoto en los días de Uzías rey de Judá; ***Y VENDRÁ JEHOVÁ MI DIOS, Y CON ÉL TODOS LOS SANTOS.***

¡Si usted y yo fuimos de los que se fueron en el día del rapto o arrebatamiento, seremos parte de ese ejército que regresará a la tierra en esa gloriosa cabalgata siguiendo a nuestro Señor y Dios Todopoderoso! Que grandioso será ese día. Vendremos con Cristo a establecer el orden en una tierra corrompida. Se cumplirá entonces la Escritura que dice:

"Al que venciere y guardare mis obras hasta el fin, Yo le daré autoridad sobre las naciones, y las regirá con vara de hierro, y serán quebradas como vaso de alfarero; como Yo también la he recibido de mi Padre; y le daré la estrella de la mañana. El que tenga oído, oiga lo que el Espíritu dice a las iglesias".
Apocalipsis 2:26-29 ¡No más políticos corruptos!

"Y acontecerá que ese día no habrá luz clara, ni oscura. Será un día, el cual es conocido de Jehová, que no será ni día ni noche; pero sucederá que al caer la tarde habrá luz.
Acontecerá también en aquel día, que saldrán de Jerusalén aguas vivas, la mitad de ellas hacia el mar oriental, y la otra mitad hacia el mar occidental, en verano y en invierno.

Y JEHOVÁ SERÁ REY SOBE TODA LA TIERRA. EN AQUEL DÍA JEHOVÁ SERÁ UNO, Y UNO SU NOMBRE". Zacarías 14:1-9

Luego de leer las Escritura de ese magno evento, volvamos a la participación de los Animales en este Reino maravilloso del Señor. Aunque no se revela mucho sobre el tema, sin embargo queda claramente confirmado en las Sagradas Escrituras la participación del Reino Animal en el Reinado de Cristo. Yo diría que será como volver al principio de la Creación cuando todo en gran manera era bueno, antes de la rebelión y caída del hombre en pecado. Será como fue al principio.

Leamos las Escrituras que nos revelan cómo será el Milenio y gobierno del Señor por la eternidad.

REINADO DE JUSTICIA DEL MESÍAS

"Saldrá una vara del tronco de Isaí, y un vástago retoñará de sus raíces. Y reposará sobre Él el Espíritu de Jehová; espíritu de sabiduría y de inteligencia, espíritu de consejo y de poder, espíritu de conocimiento y de temor de Jehová.

*Y le hará entender diligente en el temor de Jehová. No Juzgará según la vista de sus ojos, ni argüirá por lo que oigan sus oídos; sino que juzgará con justicia a los pobres, y argüirá con equidad por los manso de la tierra; y herirá la tierra con la vara de su boca, y con el espíritu de sus labios matará al impío. Y será la justicia cinto de sus lomos, y la fidelidad ceñidor de su cintura. **Morará el lobo con el cordero, y el leopardo con el cabrito se acostará; el becerro y*** *el león y la bestia doméstica andarán juntos, y un niño los pastoreará.*

La vaca y la osa pacerán, sus crías se echarán juntas; y el león como el buey comerá paja. Y el niño de pecho jugará sobre la cueva del áspid, y el recién destetado extenderá su mano sobre la caverna de la víbora. No harán mal ni dañarán en todo mi santo monte; porque la tierra será llena del conocimiento de Jehová, como las aguas cubren el mar".
Isaías 11:1-9

Podemos ver en esas reveladoras Escrituras que las bestias salvajes regresan a su estado de inocencia del principio. Y como al principio, ya no se comerán unos a otros, sino que su alimento será la paja. Valla al zoológico y coloque una vaca en donde están los leones haber que sucede. O un cabrito con los leopardos. Es glorioso saber que toda esa maravilla que leemos en las páginas del Génesis las podremos disfrutar por toda la eternidad. ¿Y habrá espacio para tanta gente y tantos animales conviviendo en un mismo lugar? ¿Estaremos juntos conviviendo en el cielo con los animales? Quizás se haga usted esta pregunta. Pues si así pensó, olvida que Dios es el dueño creador del Universo que conocemos y de los miles de Universos que solo Él sabe ha creado para gloria de Su Nombre. En Dios hay tanta riqueza de conocimiento oculto y reservado que no dudo cuántas maravillas ha creado y mantiene reservados en Su Soberana Potestad.

Quizás cuando estemos en el cielo y queramos ir al zoológico, será en vez de un parque zoológico con una pareja de animales en una jaula, será todo un paraíso de con la creación de Dios al que podamos ir para gozar de esas maravillas que para el disfrute nuestro fueron creadas. ¡En Dios debemos de pensar en grande!

¿Quién sabe que regalos sorpresa nos tiene preparados y guardados como un gran secreto especial para entregarlos a Su Amada Novia y futura Esposa, nosotros Su Iglesia en el día de nuestra boda? ¿Puedes decir amén conmigo? Aleluya.

Ahora que estamos en este nivel de fe maravillados con nuestro Señor, respire profundo y agárrese de la silla que vamos a subir un poco más alto, hacia las alturas de lo imposible en la mente finita del hombre carnal. Cuando lo llamo carnal, me refiero al ser humano al cual le son locura las cosas que son del Espíritu.

¿Podremos tener algún tipo de comunicación con el Reino Animal? *-¿Herrera, a qué se refiere cuándo dice comunicación; hablar con los animales?* Si, hablar con los animales de alguna manera sobrenatural en la cual sus lenguajes podamos entender mutuamente. ¿Será eso posible o es algo que solo en las películas de ciencia ficción podemos ver? Piénselo de nuevo. Juan el Apóstol **escuchó y entendió** la Alabanza Suprema de toda la Creación como ya bien analizamos en los capítulos anteriores. ¿Cómo lo pudo hacer? Eso no es nuestro problema, Dios lo hizo posible.

Ahora, en el principio Eva habló con una serpiente y no fue algo extraño para ella. Aunque bien sabemos que era el diablo, también era una serpiente la que le hablaba y ella le respondía.

Ahora bien, en estos días tuve el privilegio de ir al cielo por medio de la lectura del maravilloso testimonio del Pastor Richard Sigmund el cual estuvo ocho horas muerto y regresó por la voluntad del Señor para traernos su impactante relato del cielo. Mi Tiempo en El Cielo es el título de su libro el cual le recomiendo lo lea y lo comparta con sus seres queridos y amistades. Jamás había leído un testimonio de personas que han tenido esa maravillosa oportunidad de dar un vistazo a lo que nos espera.

Traigo su testimonio porque algo que él mencionó que pudo ver en el cielo fue como una confirmación del tema que estamos discutiendo.

Me llamó la atención que en varias ocasiones el Pastor Richard dice que muchas cosas de las que pudo contemplar en el cielo no las menciona porque sencillamente no se las creerían. Pero una que menciona me pareció curiosa y de nuevo, confirmando la Alabanza Suprema de los Animales que escuchó el Apóstol Juan. Dice el Pastor en el capítulo 13, "Misterios de Dios", que vio animales que aunque no le fue revelado como se comunicaban, escuchó algunos pájaros cantando el himno "Gracia asombrosa" (Amazing Grace). Relata que él sabía todos los lenguajes, además del lenguaje celestial, podía hablar con cualquiera y entenderlo perfectamente. ¿Cómo era posible? Se preguntaba el Pastor

Richard Sigmund. ¡Maravilloso es el Señor! En el cielo Dios nos dará la capacidad en conocer todo. Nuestros sentidos serán abiertos a la dimensión del Creador.

Quizás le parezca imposible, pero a mí personalmente no, pues si una mula le habló al Profeta Balaam, que unos pájaros canten himnos de gloria en el Reino de los Cielos, no tengo porque dudarlo.

Creo que la experiencia del Pastor Sigmund fue real. Inclusive, en ese libro encontré la respuesta del porqué de aquella rosa que me dio el Señor como respuesta a mi oración, "Señor, he venido a ti y nada ha sucedido". Pero de eso hablaré en la segunda parte de ese libro.

La clave es que en el cielo las cosas no son como aquí en la tierra. Allá tendremos cuerpos glorificados al igual que El Reino Animal tendrá el suyo. Veamos otra Escritura que nos revela lo espectacular que Dios ha preparado para que nosotros los gocemos en aquel día.

"Porque he aquí que yo crearé nuevos cielos y nueva tierra; y de lo primero no habrá memoria, ni más vendrá al pensamiento. **Más os gozaréis y os alegraréis, para siempre en las cosas que yo he creado;** porque he aquí que yo traigo a Jerusalén alegría, y a su pueblo gozo. Y me alegraré con Jerusalén, y me gozaré con mi pueblo, y nunca más se oirán en ella voz de lloro, ni voz de clamor..." Isaías 65:17-19

Me emociona ese verso porque el Señor dice que nosotros nos gozaremos y sentiremos alegría con las cosas que ha creado para nosotros. Los animales son una de esas, Seres vivientes que Él creó para el disfrute del hombre. De hecho, en el principio de la creación fue el hombre quien dio nombre a los animales.

Y me emociona saber que el llanto que una vez brotó de mi rostro por la muerte de mis mascotas, me será secado. Usted no tiene idea como he sufrido la muerte de mis perros, en especial Brandon. Llanto es llanto, no importa la causa. Se imagina mi encuentro Brandon, el perro que se me había perdido y lo encuentre corriendo en el paraíso. Oh, esa será una de tantas otras maravillas que me harán reír, gozar y volar de alegría cuando haga mi entrada a la eternidad con mi Señor. Y volveré a encontrarme con Pewee. Pensándolo bien, podré volar detrás de mi gorrión. ¿Le estoy maravillando con mis palabras o cree que estoy delirando en la fantasía? ¿Cómo estoy seguro de eso? Porque del Señor son todos los Animales creados y Él **conoce** a todas las aves de los montes. *"Porque mía es toda bestia del bosque, Y los millares de animales en los collados.* **Conozco a todas las aves de los montes, Y todo lo que se mueve en los campos me pertenece.** Salmo 50:10-11

Entonces si el Señor conoce a todas las aves, podré decirle: "Mi amado Jesús, ¿dónde está Pewee? Me imagino que el Señor con una sonrisa la hará aparecer a la velocidad del pensamiento. ¡Y yo no podré contener la alegría y lloraré de gozo!

Nuevamente en este Capítulo se repite prácticamente lo mismo: *"El lobo y el cordero serán apacentados juntos, y el león comerá paja como el buey; y el polvo será el alimento de la serpiente. No afligirán, ni harán mal en todo mi santo monte, dijo Jehová".* Isaías 65:25

Una convivencia entre el Señor Jesucristo nuestro Dios Todopoderoso, las legiones de Ángeles que componen los Ejércitos Celestiales, el Hombre en su nuevo cuerpo glorificado semejante al del Señor y el Reino Animal resucitado seremos por los siglos de los siglos la nueva Creación que vivirá como familia de Dios por la eternidad adorando y gozando de sus maravillas.

"...Y tan terrible era lo que se veía, que Moisés dijo: Estoy espantado y temblando, sino que os habéis acercado al monte de Sion, a la ciudad del Dios vivo, Jerusalén la celestial, a la compañía de millares de ángeles, a la congregación de los primogénitos de están inscritos en los cielos, a Dios el Juez de todos, a los espíritus de los justos hechos perfectos, a Jesús el Mediador del nuevo pacto..." Hebreos 12:21-24

Pudiera continuar disertando sobre este tema de las maravillas que nos esperan, pero entiendo que le he comunicado todo conforme lo recibí del Señor, (es mi testimonio). Las palabras que me fueron dadas en respuesta a mi pregunta las cuales alumbraron mi entendimiento. Me gozo cada vez que pienso en mi experiencia vivida aquella madrugada y comprendo las

Palabras del Apóstol Pablo a los Corintios que dice: *"Sin embargo, hablamos sabiduría entre los que han alcanzado madurez; y sabiduría no de este siglo, ni de los príncipes de este siglo, que perecen. Más hablamos sabiduría de Dios en misterio, la sabiduría oculta, la cual Dios predestinó antes de los siglos para nuestra gloria.*

Antes bien, como está escrito: Cosas que ojo no vio, ni oído oyó, ni han subido en corazón de hombre, son las que Dios ha preparado para los que le aman.

*Pero Dios nos la reveló a nosotros por el Espíritu; porque el Espíritu todo lo escrudiña, aun lo profundo de Dios. Porque; ¿quién de los hombres sabe las cosas del hombre, sino el espíritu del hombre que está en él? Así tampoco nadie conoció las cosas de Dios, sino el Espíritu de Dios. **Y nosotros no hemos recibido el espíritu del mundo, sino el Espíritu de proviene de Dios, para que sepamos lo que Dios nos ha concedido, lo cual también hablamos, no con palabras enseñadas por sabiduría humana, sino con las que enseña el Espíritu, acomodando lo espiritual a los espiritual. Pero el hombre natural no percibe las cosas que son del Espíritu de***

Dios, porque para él son locura, y no las puede entender, porque se han de discernir espiritualmente.

En cambio el espiritual juzga todas las cosas; pero él no es juzgado de nadie, Porque ¿quién conoció la mente del Señor? ¿Quién le instruirá? Mas nosotros tenemos la mente de CRISTO". **1 Corintios 2:6-16**

CAPÍTULO 5
MI OPINIÓN PERSONAL

Luego de esta maravillosa experiencia, mi vida espiritual ha subido a otros niveles de bendición que no tengo palabras para expresar. Considero que la producción de este material se añade a las tantas manifestaciones de Dios sobre mi vida manifestadas luego de aquella oración que hacen muchos años hice y que es el título de mi primer libro; "SEÑOR, HE VENIDO A TI Y NADA HA SUCEDIDO".

La Creación no está compuesta solamente del hombre. Nosotros somos tan solo una en las millones de especies de seres vivientes creados con la única diferencia de que en nuestro interior fue depositado por la nariz, soplo del Altísimo.

Fue el hombre el responsable de que la muerte al mundo afectando también al Reino Animal el cual es parte de La Creación. Así también, como por un hombre entró la muerte y afectó a todos los seres vivientes, por el segundo Adán que es Cristo también la vida eterna entró al mundo para darnos vida a nosotros y a toda La Creación de Dios.

He podido comprender con más profundidad la muy conocida cita Bíblica del Profeta Isaías que nos habla de martirio que sufrió el Mesías. Cuando pienso en el sufrimiento que tuvo que soportar nuestro amado Salvador en su camino al Calvario, el fruto debe de ser sumamente grandioso. No meramente la Salvación de hombres perdidos en el pecado.

"¿Quién ha creído a nuestro anuncio? ¿Y sobre quién se ha manifestado el brazo de Jehová? Subirá cual renuevo delante de Él, y como raíz de tierra seca; no hay parecer en Él, ni hermosura; le veremos, mas sin atractivo para que le deseemos.

Despreciado y desechado entre los hombres, varón de dolores, experimentado en quebranto; y como que escondimos de Él el rostro, fue menospreciado, y no lo estimamos. Ciertamente llevó Él nuestras enfermedades, y sufrió nuestro dolores; y nosotros le tuvimos por azotado, por herido de Dios y abatido.

Mas Él herido fue por nuestras rebeliones, molido por nuestros pecados; el castigo de nuestra paz fue sobre Él, y por su llaga fuimos nosotros curados. *Todos nosotros nos descarriamos como ovejas, cada cual se apartó por su camino; mas Jehová cargó en Él el pecado de todos nosotros.*

Angustiado Él, y afligido, no abrió su boca; como cordero fue llevado al matadero; y como oveja delante de sus trasquiladores, enmudeció, y no abrió su boca. Por cárcel y por juicio fue quitado; **y su generación, ¿quién la contará?**

Porque fue cortado de la tierra de los vivientes, y por la rebelión de mi pueblo fue herido. Y se dispuso con los impíos su sepultura, mas con los ricos fue en su muerte; aunque nunca hizo maldad, ni hubo engaño en su boca.

Con todo eso, Jehová quiso quebrantarlo, sujetándole a padecimiento. Cuando haya puesto su vida en expiación por el pecado, verá linaje, vivirá por largos días, y la voluntad de Jehová será en su mano prosperada.

Verá el fruto de la aflicción de su alma, y quedará satisfecho; *por su conocimiento justificará mi siervo justo a muchos, y llevará las iniquidades de ellos. Por tanto, yo le* *daré parte con los grandes, y con los fuertes repartirá despojos;* **por cuanto derramó su vida hasta la muerte, y fue contado con los pecadores, habiendo Él llevado el pecado de muchos, y orado por los transgresores".** Isaías 53:1-12

El Profeta hace un relato del sufrimiento del Señor como en ninguna otra parte de la Escritura, porque menciona que cuando Jesucristo vea EL FRUTO DE LA AFLICCIÓN DE SU ALMA SUFRIÓ, QUEDARÁ SATISFECHO. Sabemos que el derramamiento de Su sangre preciosa que bañó el madero de la Cruz del Calvario nos limpia de todo pecado y nos da vida eterna, pero también ese Sacrificio le dará la vida a toda la Creación que pacientemente está esperando por ese gran día de nuestra Redención. Si así no fuera, la obra redentora sería incompleta. Es mi opinión basada en la experiencia que tuve el privilegio de disfrutar, que está confirmada en las Sagradas Escrituras.

En mi vida, continúan sucediendo cosas maravillosas producto de la oración. Las revelaciones, sueños, experiencias que a veces pienso me pueden tildar de loco, fanático o ser considerado como una persona extremadamente emocionalita por aquellos que no creen que Jesús hable hoy respondiendo a nuestras oraciones y preguntas. En realidad, no me preocupa lo que puedan pensar o decir cuando me escuchan testificar de mis vivencias con el Señor.

Las historias en la Biblia están llenas de relatos de reyes que consultaban a Dios en oración antes de ir a las batallas y de inmediato recibían la respuesta divina. Si de algo puedo gloriarme, es de haber orado a Dios en tantas situaciones de mi vida y recibir respuestas inmediatas. Las experiencias que podemos tener en Dios gracias al Sacrificio de Cristo que abrió un camino rompiendo el velo para que podamos entrar al Lugar Santísimo, son una realidad hoy día.

El velo fue desgarrado de arriba abajo cuando Cristo murió dejando el camino abierto. Solo hace falta que usted quiera entrar y hablar con Su Creador.

Dios está tan lejos de usted como lo están las palabras de su boca. Entienda que si usted se atreve a entrar en su cuarto, cerrar la puerta y comenzar una conversación intima entre usted y nuestro Padre Celestial en el Nombre de JESÚS que nos ha sido dado como la "Llave Maestra" para poder abrir las puertas del cielo, de seguro, garantizado cien por ciento, usted recibirá una respuesta a su oración.

Si eso hace, se expone a tener experiencias con un Dios vivo. Conocerá lo honrado y bendecido que se siente al vivir las múltiples maneras como Dios responde y se manifiesta en aquellos que lo aman e invocan Su nombre.

"El que me ama, mi palabra guardará; y mi Padre le amará, y vendremos a Él, y haremos morada con él". Juan 14:23

Desde que en el año 1981, siendo un joven de 21 años de edad, que por las circunstancias de mi vida perdida me hicieron llegar como al borde de un precipicio, clamé una simple oración; "Señor, he venido a ti y nada ha sucedido" desde entonces, mi vida ha sido bendecida con múltiples experiencias con un Dios que se deja encontrar.

Hermano, si hoy su vida de oración ha menguado, le invito a restaurar su altar de oración. Entre en su habitación y encienda la llama del Espíritu en su lámpara. Usted sabe lo que tiene que hacer. Ore. Pero no ore como el papagayo repitiendo palabras como si fuera necesario repetirlas para que las entienda. Hable con el Señor. Tenga una conversación amena con el que Todopoderoso Dios. Háblale a la Piedra que es Cristo y le dará Agua Viva que saciará su sed.

Si usted no ha conocido a Cristo Jesús, permítame decirle que para usted está disponible la gracia de Su amor. Recuerde que existe un pacto perpetuo que Dios hizo con el Hombre y el Reino Animal.

Si necesita orientación, puede comunicarse conmigo por los medios disponibles anunciados en este libro. Pero cerca de su residencia, debe de haber una Iglesia del Señor. Le invito a asistir a los cultos de adoración y de seguro que el Espíritu Santo se encargará de guiarle.

Pero esto quiero advertirle, hágalo pronto, pues al igual que la puerta del Arca de Noé fue cerrada, la puerta de la dispensación de ésta gracia que es en Cristo también se cerrará para dar paso a las promesas de cielos y tierra nueva. ¿Por qué le digo esto con seguridad? Pues aunque en la Biblia está profetizado que así sucederá, una de mis experiencias más impactantes que he vivido fue cuando el Señor me habló desde Su Torbellino de Gloria diciéndome estas palabras; *"TOÑO, YO PERDONÉ TU PECADO, PREDICA MI VENIDA"*. Esa experiencia la comparto en mi libro **"Señor, he venido a ti y nada ha sucedido"**.

Así que, la oración para mí ha sido el medio por el cual he visto y entrado al mundo espiritual de un Dios vivo. Desde también preguntar por el fenómeno OVNI y recibir respuesta al enigma, hasta sentir o mejor dicho vivir los que sienten las aves cuando vuelan, pues he sido bendecido con tales experiencias y conocimientos. Relacionado a los OVNIS, pronto espero finalizar el libro que ya comencé a escribir producto también de una oración contestada. Son temas que muchos cristianos prefieren evitar, pues no tienen una respuesta en la Palabra del Señor. Pero, el Dios de Daniel que revela los enigmas y misterios, es también mi Dios. Una vez pregunté y también recibí respuesta y revelación. Pero de ese tema hablaremos pronto en una próxima publicación.

He visto y también tenido la experiencia de volar en muchas ocasiones con ángeles. Estas experiencias me han hecho sentir una paz relajante en medio de tiempos de pruebas, necesidades y aflicciones en mi vida. ¡Volar es fascinante! Siempre le estoy pidiendo al Señor en mis oraciones que me vuelva a dar esas experiencias y por eso es que le puedo decir que han sido muchas veces.

¿Pero sabe qué? En el cielo tendremos esa facultad. He escuchado el idioma de los ángeles hablado en mi oído derecho. He sentido el cuerpo de los ángeles, los he abrazado por la cintura, he estrechado mis manos con las suyas y los he agarrado por el brazo sintiendo su cuerpo solido. ¿Cómo? Dios sabe como. Yo solo he vivido la experiencia.

He volado acompañado del Señor. En una ocasión volamos a unas nubes donde me mostraron las huestes espirituales de maldad; ángeles caídos. Aunque no veía al Señor a mi lado, supe que estaba ahí, porque cuando se me acercaron las huestes, pude ver un resplandor como un rayo salió por mi lado derecho el cual hizo que se alejaran de mí.

He soñado mi destino. He visto y escuchado la voz del Señor Todopoderoso hablarme desde el Torbellino de Dios. He visto al Anciano de cabellos blancos y vestiduras largas sentado con un mapa de Sur América en sus faldas indicándome por donde tendría que ir a predicar Su Palabra.

Y cuantas otras experiencias que conservo escritas en mi registro las cuales compartiré en la continuación del libro; "SEÑOR, HE VENIDO A TI Y NADA HA SUCEDIDO".

Esto, sencillamente porque he orado a Dios en el nombre de Jesús y Él ha respondido. La oración abrió una puerta de misericordia en el cielo para mi, de la cual, me ha sido ordenado testificar. Y todo esto no lo digo para mostrarme como mejor hombre espiritual que ha logrado la perfección, sino por el contrario, continuo creciendo y siendo moldeado por Él Alfarero a quién he reconocido como dueño y Señor de mi vida.

Puedo decir como Pablo, *"Ciertamente no me conviene gloriarme; pero vendré a las visiones y a las revelaciones del Señor. Conozco a un hombre en Cristo, que hace catorce años (si en el cuerpo, no lo sé; si fuera del cuerpo, no lo sé; Dios lo sabe) fue arrebatado hasta el tercer cielo.*

Y conozco al tal hombre (si en el cuerpo, o fuera del cuerpo, no lo sé; dios lo sabe) que fue arrebatado al paraíso, donde oyó palabras inefables que le es dado al hombre expresar. De tal hombre me gloriaré; pero de mí mismo en nada me gloriaré, sino en mis debilidades.

Sin embargo, si quisiera gloriarme, no sería insensato, porque diría la verdad; pero lo dejo, para que nadie piense de mí más de lo que en mi ve, u oye de mí.

Y para que la grandeza de las revelaciones no me exaltase desmedidamente, me fue dado un aguijón en la carne, un mensajero de Satanás que me abofetee, para que no me enaltezca sobremanera; respecto a lo cual tres veces he rogado al Señor, que lo quite de mi.

*Y me ha dicho: **Bástate mi gracia; porque mi poder se perfecciona en la debilidad.** Por tanto, de buena gana me gloriaré más bien en mis debilidades, para que repose sobre mí el poder de Cristo".*

2 Corintios 12:1-9

"Pero tenemos este tesoro en vasos de barro, para que la excelencia del poder sea de Dios, y no de nosotros,..."
2 Corintios 4:7

El Apóstol Pablo tuvo grandes experiencias con el Señor a partir de su caída del caballo, sin embargo, siempre reconoció su naturaleza de debilidad humana, lo cual yo también en este camino he aprendido a reconocer. Por eso me siento identificado con su vida. Aunque también quiero dejar claro, que no pretendo decir que lo se todo al tema de la Resurrección del Reino Animal. Hay muchas cosas que las conoceremos en ese día glorioso de nuestra Redención.

Mis muchas vivencias me han hecho sentir custodio de un hermoso tesoro lleno de múltiples experiencias personalmente con el Señor las cuales considero me han sido dadas para testificarlas a una humanidad que se pierde. Dios anhela hablar, compartir íntima comunión con su Creación y en búsqueda de esa meta, da experiencias para despertar el interés de quienes tengan sed de Dios. Hoy, cuando finalices esta lectura, te invito a que comiences esa búsqueda. Entra en tú habitación, cierra la puerta, y déjate sentir. Llámalo por Su

Nombre. Jesús. Invítelo a entrar. De seguro que está esperando por ti.

Dios te bendiga.

José Herrera
Al Servicio del Señor

¿Quién sabe que el espíritu de los hijos de los hombres sube arriba, y que el espíritu del animal desciende abajo a la tierra? **Eclesiastés 3:21**

DESCUBRIMIENTO DEL ARCA DE NOÉ EN TURQUÍA

Un equipo de investigadores chinos y turcos y los exploradores han revelado el hecho de que han tenido éxito en la búsqueda de Arca de Noé El arca se dice que han encontrado 4000 m sobre el nivel del mar en una montaña en Turquía, de acuerdo al Sídney Morning Herald.

El equipo se había ido en el lugar donde se sospecha que algún tipo de estructura de madera está allí. El equipo turco chino superó en la montaña Ararat en busca del arca y su esfuerzo se convirtió en éxito cuando logró la excavación de una estructura que está hecha de madera y en la elevación de 4.000 metros.

Los investigadores tomaron las muestras de la estructura y se reveló que era de madera y antiguos año 4.800. Los funcionarios del gobierno de Turquía y los Ministerios de Cultura están considerando las conclusiones de gran importancia.

Hicieron una declaración conjunta oficiales y en Hong Kong que se declara que el Arca de Noé ha sido descubierta con éxito. Tienen la intención de conseguir la estructura de madera se alistó Mundial de la UNESCO la lista de Patrimonio. Un contrato entre las partes ha sido firmado con una determinación a cooperar entre sí en el futuro.

La estructura de madera se desperdicia y se hizo añicos. Los exploradores hicieron su entrada de las ranuras diferentes. Ellos han descubierto siete dichas ranuras. El descubrimiento está siendo considerado como muy importante e innovador. Si vemos el descubrimiento de los prismas de la historia, así como las explicaciones científicas, es más puede llevar a conclusiones más concretas.

"SEÑOR, he venido a ti y nada ha sucedido"

Una rosa fue la respuesta que recibí cuando a Dios hice esa oración. Si ha orado a Dios y no ha recibido respuesta, esta fue la llave maestra que abrió las puertas y las ventanas de los cielos para mí. Luego de leer esta historia, le aseguro que su Fe no será la misma. Su pasión por la oración será desatada en su vida espiritual y su relación con Dios volverá al primer amor con Jesús.

**Disponible en
www.Amazon.com
o su librería más cercana**

**Versión Impresa $12.00
Versión eBook Kindle $9.99**

**PRÓXIMOS LIBROS EN
PROCESO DE EDICIÓN:**

**"SEÑOR,
HE VENIDO A TI Y NADA HA SUCEDIDO"
2 Parte**

**RESPUESTA BÍBLICA
AL FENÓMENO**

**ESPERELOS PRONTO EN
WWW.AMAZON.COM**

CRISTO VIENE PRONTO
¿ESTÁ USTED LISTO?

¡JESÚS TE AMA!
Invoca Su Nombre Hoy

Este No es el Fin
En Dios no existe Final

Me gustaría saber de ti,
Deja tú comentario en mi
Guestbook en:
www.evangjoseherrera.com
"Dios te Bendiga"